La belleza es verdad y la verdad belleza.
Es todo lo que necesitas saber en la tierra.

John Keats

Senté
a la belleza
para injuriarla,
pero ebria y sorda se ha dormido
en mis rodillas.

Tomás Salvador González

Dirección editorial: Héctor Escobar
Director de la colección: Gustavo Martín Garzo
Fotografía de cubierta: José Ramón Vega
Diseño de la colección: Miguel Riera
Maquetación: Alberto R. Torices

ISBN: 978-84-10057-27-2

Dep. Legal: Le. 67-2024

Impreso en España — Printed in Spain

Juan Carlos Arnuncio
La belleza de **lo anómalo**

De la belleza (15)

Juan Carlos Arnuncio

La belleza de **lo anómalo**

EOLAS EDICIONES

ÍNDICE

... Y llegado al monte de Dios, Horeb,[1] se le aparectó el ángel de Yahveh en llama de fuego, de en medio de una zarza. Veía Moisés que la zarza ardía y no se consumía, y se dijo: «Voy a ver qué gran visión es ésta, y por qué no se consume la zarza». Vio Yahveh que se acercaba para mirar, y Dios le llamó de en medio de la zarza: «¡Moisés! ¡Moisés!». Él respondió: «Heme aquí». Dios le dijo: «No te acerques. Quita las sandalias de tus pies, que el lugar en que estás es tierra santa».

Éxodo 3, 1

....

1   Sinaí.

I

LOS PÉNDULOS DE PARÍS

En la noche del 29 al 30 de diciembre de 1902 cuentan las crónicas locales que, a la una y cinco de esa madrugada, todos los relojes de péndulo de París se pararon. Supongo que la gente tardaría algún tiempo en reparar en tal cuestión. Que a uno se le pare el reloj es un acontecimiento tan irrelevante que verificar que a los demás propietarios de relojes de péndulo les hubiese pasado lo mismo y además a la vez llevaría días de comprobar la casual e inexplicable, de momento, circunstancia. Pero sucedió también que muchos de los ciudadanos sufrieron a la misma hora mareos, náuseas, vómitos y desmayos, cuestión ésta que tal vez propiciase la precipitación de la noticia al coincidir ambos acontecimientos, muy probablemente, conectados entre sí. Cuando pareció que efectivamente todos los relojes de péndulo habían sufrido ese parón sorprendente, cuando los parisinos comentaron y comentaron hasta el aburrimiento que su reloj del salón, y no el de bolsillo, también había sido víctima del inusitado parón, alguien propuso, primero, pedir explicaciones al Director de la Estación Meteorológica de París y segundo, y como una prueba definitiva, ver qué había sucedido con el más péndulo de todos, el de Foucault, instalado hacía cincuenta años bajo la cúpula del Panteón. Y a tan notables instituciones se dirigieron las autoridades locales a verificar, en los partes y documentación de una y de otra, alguna explicación de lo sucedido dándose el caso de que el director de la primera declaró oficialmente que durante aquellas horas no había habido ninguna alteración atmosférica a la que pudiese achacarse lo acaecido, pero analizado el parte del edificio del Panteón de fecha 30 de diciembre repararon, no sin cierta inquietud, que la hoja de tal día había sido arrancada y sustituida por otra —un hecho sin precedentes en la institución— que afirmaba que todo aquella noche había transcurrido con normalidad.

Se han buscado muchas explicaciones a lo que, sin duda, era una anomalía. Que si Nikola Tesla andaba por allí con algún experimento en el contexto de la Exposición Universal celebrada dos años antes que hubiese derivado en alguna alteración de, no sabemos qué, de modo que hubiese generado el episodio en cuestión; que si a la misma hora una gran bola roja había atravesado a gran velocidad el cielo de París atribuyéndose el hecho a alguna actividad de origen extraterrestre o que, tal vez, pensaron algunos amigos de las conspiraciones, había sido una invención gubernamental, a partir de alguna casualidad pendular, para distraer a la gente del asunto Dreyfus, toda vez que Zola, gran defensor de la causa, había fallecido hacía exactamente dos meses y Dreyfus, indultado un tiempo antes por el presidente de la República Emile Loubet, pudieran haber generado que los ánimos estuviesen revueltos por algún grupo antisemita de la época. Los más científicos especulaban tratando de encontrar una razón emparentada con el hecho sorprendente, pero verificable, de la sincronización espontánea de los metrónomos y péndulos que acaban danzando a la par cuando se les ponen en un medio compartido.

Fuese como fuese, lo cierto es que esta historia nos describe una anomalía. Un acontecimiento que se escapa de la pauta habitual de algo; en este caso del discurrir monótono de los péndulos que, sin explicación aparente, decidieron detenerse en el mismo instante.

A decir verdad, cualquier anomalía tiende a inquietarnos. Porque nos saca de la uniformidad de las cosas. El mundo de lo habitual es un mundo tejido de seguridades, de tranquilidad. «Lo de toda la vida» es la expresión de la ausencia de arrojo, de lo conservador mal entendido. Cualquier rotura de ese estado de presunto equilibrio tiende al desasosiego. Lo podemos percibir en el universo de lo cotidiano. Un ruido diferente al habitual, ya sea en un coche, en casa o dónde sea, nos produce inquietud. Una mancha en la piel, la presencia de algo inesperado en la uniformidad de cada día, un eclipse cuando no sabíamos de astronomía, es decir, lo que rompe la pauta conocida de cualquier cosa, lo miramos con recelo.

Así, una anomalía, implica un orden previo. Un orden o unas reglas de juego cuya infracción dibujaría, precisamente, la anomalía. Si no, no habría tal. Si el uniforme de un batallón de un ejército es rojo, que un soldado tuviese uno igual a los demás, pero verde, sería anómalo. Mover, en una partida de ajedrez, un peón con el movimiento del caballo es anómalo. Que en un campeonato de hípica saliese un jinete montado sobre una jirafa sería anómalo. Un hombre con cabeza de toro sería anómalo. Un tumor es algo anómalo. Emprender un viaje muy, muy lejano a pie es anómalo. Y, por extensión, realizar una empresa de una magnitud insólita es anómalo.

Desde los clásicos la belleza es un concepto próximo a la idea de orden; de una relación entre las partes y el todo. De una formulación susceptible de regirse por relaciones numéricas que, a su vez, cabría relacionar con el orden del cosmos. El desarrollo geométrico de esas relaciones, que vendrían a explicar la armonía, es fácil de encontrar en los pliegues del universo: en la forma de las galaxias, en la forma de una caracola, en los cristales de la nieve o en las formas cristalinas de los minerales, en el ala de una mariposa o en el desarrollo geométrico de una flor. Durante siglos hemos asociado la belleza musical a los patrones numéricos por los que se rige.

Casi podríamos resumir que todo lo que acogemos en el ámbito de lo bello está regido por un sistema ordenado y preciso. (Aunque ese orden con frecuencia no sea explícito y no lo reconozcamos).

Las cosas que se rigen por un orden son susceptibles de generar un canon. Canon a partir del cual reconocemos algo que podríamos llamar acuerdos universales. La calidad de la obra de Diego Velázquez, de Francisco de Goya o de Juan Sebastián Bach es incontestable en el universo que habitamos.

¿Deberíamos concluir que todo lo bello nace y muere entre las fronteras de ese orden?

La Real Academia Española de la Lengua, la RAE, establece cuatro acepciones para la palabra anomalía. Tres de ellas se refieren, de un modo o de otro, a la infracción de algún tipo de orden o de regla: la primera define la palabra como «desviación o discrepancia de una regla o uso». La segunda como «defecto de forma o de funcionamiento». La cuarta como «malformación, alteración biológica congénita o adquirida». Únicamente la tercera acepción nos habla de otra cosa: el «ángulo que fija la posición de un astro en su órbita elíptica, contado a partir de su eje mayor y en sentido de su movimiento». Esta acepción está fuera de lo que aquí nos ocupa.

Uno hubiera esperado que la RAE al definir «anómalo» hubiese dicho algo parecido a «relativo a una anomalía». Pero no; la única definición que señala para anómalo es «irregular, extraño». No dice feo. Y lo contrario de esta acepción podría ser «regular, conocido». Nada nos impediría, en consecuencia, hacer caminar juntos conceptos como anómalo y bello, aunque las acepciones señaladas de «anomalía» nos obliguen a establecer algunas reflexiones.

El que alguien en un campeonato de hípica saliese montado en una jirafa sería anómalo, sí, pero tal vez bello en el contexto de un cuento.

Un hombre con cabeza de toro es anómalo. Pero el Minotauro, forma parte de una mitología que, en cierto modo, construye una de las patas de los fundamentos de la belleza occidental.

Un tumor es una anomalía. Pero ese lunar, que tienes cielito lindo junto a la boca, también.

Porque, en sí misma, esa fractura con lo esperable, esa irregularidad que surge en cualquier ámbito, ese elemento extraño que nos saca de nuestro tic tac cotidiano, puede revelarse como una oportunidad para la belleza.

Lo anómalo genera inquietud. O, no. ¿No nos sentimos reconfortados cuando en la homogeneidad de un bosque un árbol anómalo, de pronto, nos orienta?

La primera imagen de una anomalía que me viene a la cabeza que podamos considerar como bella, sin muchos rodeos, es la de una perla. Una perla surge cuando un pequeño ser extraño, una arenilla, por ejemplo, se introduce en una ostra. Las sucesivas capas que conforman el nácar de su cavidad interior se apoderan de ese elemento extraño y, entre ellas y el tiempo, construyen la perla. Allí donde, a partir de la espuma de mar, nació Venus en la mitología romana y que Boticelli nos soñó para siempre.[1]

----

1 En este caso es una vieira, alegoría del bautismo. Las vieiras, como las almejas, ocasionalmente también producen perlas aunque, parece ser que, no de la belleza anacarada de las de la ostra.

Un jarrón roto al que pegamos sus trozos para perpetuar su existencia, presenta una irregularidad. Una anomalía. Pero en la cultura japonesa tienden a hacer de la necesidad virtud y entonces las juntas de los pequeños fragmentos las resuelven con hilos de oro de modo que convierten la anomalía en belleza. Le otorgan un valor al jarrón que antes no tenía. Muestran sus cicatrices exhibiendo cierto orgullo de su accidentado pasado. Incorporando de un modo explícito la idea de tiempo. De hecho, tienen un término para expresarlo: kintsugi.

En Éxodo, el segundo libro del Pentateuco, Yahveh establece una anomalía —una zarza ardiendo que no se consume— para significarse como Dios ante Moisés, en una imagen tan poderosa (en todas las acepciones del término) como seductora y bella.

Admitamos, en consecuencia, que cabe hablar de lo bello en el terreno de lo anómalo. Estas páginas tratan de especular acerca de ello: de la belleza de lo anómalo.

2

LO ANÓMALO COMO PAUTA POSIBLE
DE LA BELLEZA

> *... ofendido (Pigmalión) por los vicios que numerosos a la mente / femínea la naturaleza dio, célibe de esposa / vivía y de una consorte de su lecho por largo tiempo carecía. / Entre tanto, níveo, con arte felizmente milagroso, / esculpió un marfil, y una forma le dio con la que ninguna mujer / nacer puede, y de su obra concibió él amor.*

Del libro X de *Las metamorfosis* de Ovidio

Creo que no hay leyenda, cuento, o mito que no se mueva por los territorios de lo anómalo.

Lo anómalo, aparte de generarnos inquietud, propicia la presencia de interrogantes, de preguntas sin respuesta, de misterio. Y pocas cosas hay que generen tanto atractivo como el misterio. Lo misterioso elude las reglas. Se mueve entre lo inexplicable. O, mejor, crea sus propias reglas de mundos paralelos. Aunque para que sea hermoso, no pueda renunciar a lo verosímil. Croce lo recuerda: «un personaje inverosímil, un final inverosímil de comedia son, en realidad, personajes mal dibujados, finales cortados, sucesos artísticamente inmotivados. Hasta las hadas y los duendes deben tener verosimilitud, es decir, ser hadas verdaderas y verdaderos duendes, intuiciones artísticas coherentes».[2] Si no, sólo es un ejercicio vacío. Por eso lo misterioso anida en el universo de la infancia. Los niños no entienden por qué una reina mala puede hablar con un espejo. Pero, a la vez, lo creen cierto. Se dejan envolver en un mundo de sueños, de acontecimientos fantásticos, que les ayuda a salir de su entorno cotidiano para poner distancia con el mundo y, así, comprenderlo.

La ausencia de anomalías, a veces, deriva en aburrimiento. Es como si la pauta que rige las cosas, a fuer de ser sabida, perdiese interés. Entonces la presencia del error, de lo irregular, de lo anómalo, enciende una luz. Despierta en nosotros

2   Benedetto Croce, *Estética*, Buenos Aires, 1969, p. 117.

la curiosidad; es como si nos devolviese la cons-
ciencia. Como si nos zarandease, de pronto, para
despertar nuestra atención; para estimular nuestra
percepción de lo bello. Nos avisaba Baudelaire: la
irregularidad, es decir, lo inesperado, la sorpresa o
el estupor son elementos esenciales y característicos de la belleza.

Pero vayamos por partes. Aceptar que algo es
anómalo lleva implícito reconocer que ese algo
pertenece, a su vez, a otro «algo» que se rige por
pautas, reglas, o leyes, más o menos precisas. Si
aceptamos como anomalía el jinete montado sobre
una jirafa en un concurso hípico, es porque previamente sabemos que los jinetes en un concurso
hípico montan caballos. Si reconocemos como
anómalo mover un peón con el movimiento de
un caballo en una partida de ajedrez es porque
sabemos que, en tal juego, el peón se mueve de un
modo definido por unas reglas que determinan, así
mismo, el movimiento diferente del caballo y del
resto de piezas que conforman el juego.

El problema que aquí nos interesa, tiene que ver
con la belleza, de modo que admitir una anomalía en el ámbito del universo estético, nos lleva a

reconocer que, para que se dé ésta, ha de haber una formulación, un orden, unas reglas de juego previas pero que, a diferencia de los ejemplos señalados, son más difíciles de precisar. O, por ser más concretos, a veces son fácilmente identificables, pero con frecuencia se nos esconden en los pliegues de la obra de arte a la que nos estemos refiriendo. Lo que hace que nos movamos por terrenos más difíciles. No obstante, nuestra propia intuición, hace que identifiquemos universos en los que lo anómalo establece relaciones claras con la belleza.

Pocas cosas hay en el devenir del arte occidental, que hayan gozado tanto de la capacidad de fertilizar desde su memoria el pensamiento estético, como la mitología clásica. Tanto en el terreno literario construyendo la cosmología de un universo entero, como en el estético como generador de seres imaginarios, su influencia ha sido permanente en el desarrollo del arte occidental.

Construida a partir del dibujo de dioses, hombres, seres fantásticos y de una infinita urdimbre de historias relacionadas entre sí, de disposiciones jerárquicas de sus protagonistas, de la mezcla de lo terrenal y lo divino, de seres o lugares a caballo de ambas condiciones, de historias de amores, de venganzas, de desencuentros, de guerras, se acabó por configurar un paisaje que aflora, convertido en la inmensa magnitud del pensamiento clásico, en la literatura, en la filosofía, en la arquitectura, en la escultura o, y aunque conocida únicamente por las copias romanas, también en la pintura.

Todos los elementos que indagan, de uno u otro modo, en la condición humana, se exhiben a través de fábulas, dramas, tragedias, epopeyas, etc. en la construcción más completa de una imagen concerniente al hombre. Tanto que todo nuestro pensamiento ulterior, nuestro universo creativo, nuestra literatura, nuestras ciudades, no parecen sino aflorar entre los rebotes de un eco de aquello que, todavía, pervive en el tiempo.

Como si los que construyeron aquellos primeros compases de la magnífica historia gozasen de una capacidad sorprendente para fabular e inventar un imaginario empeñado en explicar la naturaleza humana.

En ese universo clásico que surgió como un milagro tras Mesopotamia y Egipto, y que supuso el origen de la cultura de Occidente, florecieron las artes, la ciencia, la literatura, o la filosofía como un todo magnífico en el que unas disciplinas establecían sintonías perfectas con las demás. La arquitectura se nutría de la ciencia, como la escultura de la literatura y todas ellas caminaban juntas. Los dioses ocupaban los templos, el teatro representaba las vicisitudes de aquellos, las guerras se narraban en el ágora y el pensamiento filosófico dotaba de coherencia a aquella sociedad y la explicaba. Conformaba un cosmos en el que parecían fluir juntos lo terrenal y lo divino, en Olimpia, en Delfos, en Atenas y en todo aquel Mediterráneo ocupado por la Magna Grecia.

En su literatura, en sus pinturas, en sus esculturas, en sus cerámicas, surgían los protagonistas de su Historia sin que podamos discernir, del todo, cuánto había de relato y cuánto de fabulación. Troya, Ítaca, Paestum eran reales como los personajes que las habitaban, pero guardaban también el recuerdo de dioses y seres mitológicos. La iconografía que nos ha llegado no acaba de establecer diferencias entre unos y otros. Todos formaban parte de ese universo y todos aparecían en vasijas, o en los frontones de los templos, en las representaciones de teatro, o en los versos de los poetas en los jardines de Atenas.

Todo ese arte y esa cultura llegó a las cotas de calidad conocidas y se sometía a reglas cuyo fin era acercarse a cierta perfección. Así el jónico seguía al dórico y el corintio a aquél, en un obsesivo intento por afinar y pulir un sistema de proporciones, del mismo modo que la literatura desde los primeros poemas de Homero hasta el desarrollo de la lírica y el periodo Helenístico acabaron por dotar de un modelo a los siglos posteriores.

De ese universo, medio real medio inventado, quiero reparar ahora en una serie de personajes cuya factura parecía eludir la perfección anhelada. Personajes que, sin embargo, tenían un papel importante en aquella cosmología referida. Los fascinantes, repulsivos, atractivos, seductores, grotescos, entrañables y terribles seres mitológicos.

No es éste el lugar de realizar un mapa de este universo griego y, también, romano. Basta con ojear cualquier diccionario relativo al tema para reconocer su magnitud, pero sí parece oportuno plantear alguna cuestión desde la perspectiva del tema que nos ocupa, es decir, de lo anómalo.

Los seres mitológicos habían sido creados colectivamente durante siglos. La tradición verbal, la literatura hablada —sobre todo el teatro— y escrita constituían el ámbito de ese florecimiento de personajes, seres mitológicos y mitos, que se dilató en el tiempo. Por lo que, con frecuencia, variaban a veces sus características.

¿De qué materia estaban construidos aquellos? En realidad, prácticamente su totalidad cabría encuadrarse dentro de lo que damos en llamar anomalía. Casi todos eran seres manifiestamente anómalos. Se concebían, por lo general, como personas a las que alteraban sus miembros para subrayar algún tipo de extrañeza, de irregularidad que ilustrase sus narraciones. Así los cíclopes eran seres con un único ojo, como Arges, Brontes, Steropes o, el más conocido, Polifemo. Argos era un gigante capaz de vigilar pues tenía cien ojos de los que sólo dos dormían a la vez mientras los noventa y ocho restantes vigilaban sin parar en todas las direcciones. Los Gegenees eran gigantes de seis brazos, y Gerión era un ser que, para Hesíodo, estaba formado por un cuerpo con tres cabezas y para Esquilo por tres cuerpos. Otras veces la alteración venía determinada por la substitución de elementos del cuerpo humano por toda la combinatoria formada a partir de extremidades de la fauna conocida. Casi la totalidad presentaban anomalías concretas: Aracne era una mujer con ocho extremidades de araña con especial habilidad para el tejido; los centauros, seres con torso, cabeza y brazos de hombre, más cuerpo y patas de caballo; las quimeras, monstruos con cabezas de león, de serpiente y de cabra, garras de león, cuerpo de cabra y cola de serpiente; las arpías tenían torso, cabeza y brazos de mujer, y garras, cola y alas de ave; y así un larguísimo etcétera de seres cuyas características variaban, a veces, de unos autores a otros. Seres que heredarían en parte los romanos que añadirían, corregirían, renombrarían e incrementarían luego la relación dando un sentido propio a su mitología y su visión diferente del mundo.

Otros estaban caracterizados no tanto por su heterodoxa anatomía cuanto por su habilidad específica. Basilisco, la serpiente con un veneno tan letal que le bastaba mirar para matar. Asbolus, el adivino que leía presagios en los vuelos de las aves o Medusa, cuya mirada podía convertirte en estatua de piedra al modo de la mujer de Lot.

La naturaleza de estos seres pone de relieve algunas cosas. Primero, la conciencia expresa de que la imaginación es heredera de la memoria. Todos los seres que constituyen ese universo mitológico están construidos con retales de otros. No son «piezas inventadas» de la nada. Y digo expresa porque a la propia diosa Mnemósine (memoria) se le atribuye la maternidad de las nueve musas. Era hija de Gea y Urano, y cuenta la mitología que yació durante nueve noches seguidas con Zeus a resultas de lo cual, nacieron las nueve musas: las fuentes de la inspiración. Es decir, su propia mitología reconocía a la memoria —nada menos que junto a Zeus, el dios de dioses— como la responsable de todo lo inspirador que propiciase la creación de cuanto bello pudiesen ejecutar los hombres.

Segundo, la gestación de todos aquellos seres tiene una pauta clara. Mezclar, con un sentido metafórico de ayuda a la narración de los acontecimientos, miembros de unos y otros. Utilizaban un proceder de naturaleza racional que se repetía: a partir del cuerpo humano, o bien alterar alguna de sus partes (un ojo o cien ojos, en vez de dos) o bien sustituirlas con miembros de otros seres del reino animal para subrayar su condición particular, de crueldad, velocidad, repulsión, ironía, etc. Así, los sátiros cuyo perfil era el de seres alegres, pícaros, a veces peligrosos, e incapaces de trabajar, presumían de cuernos y cuartos traseros de cabra. Qué decir de las sirenas, seres con cuerpo de mujer y, en un principio, aladas. Su canto y su belleza estaban destinados a seducir a los hombres para luego eliminarlos. Aunque ulteriormente las reconozcamos con parte del cuerpo, de pez, y así se ha venido reflejando a lo largo de casi toda la historia del arte, en la Odisea, Homero las imaginaba como mujeres mitad aves que hacía revolotear por la nave y por la isla para desesperación de Ulises que, como bien es sabido, se había hecho atar al mástil para no poder sucumbir a su canto, mientras la tripulación permanecía con los oídos tapados de cera. (Quizá la única representación de este episodio de la Odisea en la que las sirenas estén formadas por cuerpos de, mitad mujer, mitad ave, aparte de algún ánfora griega que nos ha llegado, sea la del pintor prerrafaelita John William Waterhouse de 1891, *Ulises y las sirenas*.)

La literatura incorporaba unos u otros seres en función del hilo argumental como una suerte de repertorio utilizado en función de las características de la narración que ayudaban a enfatizar, perfilar y, en última instancia, dibujar con precisión y belleza literaria, personas y situaciones.

De entre todo el legado literario clásico —griego y romano— que hemos heredado, tal vez, sean *Las metamorfosis* de Ovidio, el libro de mayor trascendencia para la historia de la cultura de Occidente. La explicación poética de todo el universo histórico y mitológico de lo clásico, además de ser una enciclopedia que reúne la historia anterior hasta Julio César, y conformar una interpretación cosmológica al modo de lo que la *Divina Comedia* supondría algunos siglos después en la esfera cristiana, fue, quizá, la correa de transmisión más clara entre la antigüedad clásica y nuestro tiempo toda vez que fue uno de los libros más leídos, estudiados y que generaron mayor influencia a lo largo de la Edad Media y del Renacimiento.

De ese libro surgen las leyendas, personajes y acontecimientos que, junto con el cristianismo, pueblan la casi totalidad de elementos artísticos y culturales que han perfilado el pensamiento occidental. (Con permiso de la cultura y el pensamiento germánicos).

Detengámonos en una de las infinitas anomalías que narra el libro. La de Pigmalión cuando, empeñado en amar a la mujer perfecta y no encontrarla, la talla en marfil y por intercesión de Venus, la mujer cobra vida. Así lo narra Ovidio:

Cuando volvió, los remedos busca él de su niña
y echándose en su diván le besó los labios: que
        estaba templada le pareció;
le allega la boca de nuevo, con sus manos también
        los pechos le toca.
Tocado se ablanda el marfil y depuesto su rigor
en él se asientan sus dedos y cede, como la del
        Himeto[3] al sol,
se reblandece la cera y manejada con el pulgar se
        torna
en muchas figuras y por su propio uso se hace
        usable.

....

3   Monte al sur de Atenas. En la mitología griega estaba lleno de abejas que producían una miel dulcísima y la cera más suave de Grecia (a ésta se refiere el texto).

Mientras está suspendido y en duda se alegra y
   engañarse teme,
de nuevo su amante y de nuevo con la mano, sus
   votos vuelve a tocar;
un cuerpo era: laten tentadas con el pulgar las
   venas.
Entonces en verdad el Pafio, plenísimas, concibió
   el héroe
palabras con las que a Venus diera las gracias, y
   sobre esa boca
finalmente no falsa su boca puso y, por él dados,
   esos besos la virgen
sintió y enrojeció y su tímida luz hacia las luces
levantando, a la vez, con el cielo, vio a su amante.[4]

La anomalía es el milagro. El marfil deviene en
carne: «Tocado se ablanda el marfil (…) laten tentadas con su pulgar las venas». Y la imagen de la
mano hundiéndose en la carne nos trae a la memoria las pinceladas de Rubens o el cincel de Bernini. Y
esos versos y esa historia traspasan los siglos, reescri-
tos, pintados, esculpidos o filmados una y otra vez:
desde Bronzino a Daumier, de Rodin a Paul Del-

----

4   Publio Ovidio Nasón, *Las metamorfosis,* Libro X, Can-
    tos 279 a 294.

vaux, de F. Boucher o a Goya. De Schiller a William Morris, o a Bernard Shaw. Hasta Collodi con *Pinocchio* repite el mito, o Leslie Howard en la película *Pigmalión* o George Cukor en *My fair lady.* Toda la cultura de Occidente bebiendo una y otra vez de aquellos mitos como también de los de Dédalo, Ícaro, Morfeo, Dafne, Aquiles, Europa, Narciso y la larguísima relación de personajes que pueblan nuestros museos y bibliotecas, explotando hasta exprimir toda su belleza y demostrando hasta qué punto, aquellas anomalías podían instalarse en ella.

Un apunte más del legado de Ovidio: Hera, para recordar a su fiel vigilante Argos, cuya cabeza con cien ojos había cortado Hermes por orden de Zeus, dispuso que aquellos ojos adornasen, para siempre, la cola del pavo real.

Otra vez, un ser mitológico —Argos—, cuya característica principal, la de tener una cabeza con cien ojos, es decir, un ser cuya cualidad primera es la de un monstruo, justifica su existencia por la belleza de la imagen que la mitología le tenía reservada: la conversión de su anomalía en el adorno de la cola del pavo real.

Algo así como la belleza diferida de lo anómalo.

3

LA IRONÍA TRAS LO ANÓMALO

Cabe preguntarse si la contemplación de algo bello debe de relajar el espíritu o, por el contrario, debe de activar algún resorte en nuestro sentir. Claro, no me refiero a la belleza natural más proclive a generar estados de bienestar, o a situarnos en el lado transcendente de las cosas y de la existencia. Quiero hacerlo, más bien, a rincones del intelecto; a esos lugares en los que cabe entrar en comunión con nuestra especie. Territorios del artista en los que el disfrute lleva consigo un proceder activo por cuanto se refiere a nuestra comunicación, al intercambio fehaciente y real con los acontecimientos que configuran el mundo. Nuestro mundo.

Así entendido, la contemplación de lo bello tiene algo de descanso, de disfrute, pero mucho de exigencia. Porque toda obra de arte lleva implícita una pregunta y es al espectador al que compete tratar de responderla. Cualquier obra que tengamos a bien admitirla en el ámbito de la excelencia nos propone un reto. Un reto que nos obliga a implicarnos, a asumir una condición activa para que se produzca ese vaivén de ida y vuelta entre el artista —la obra— y el espectador. El vaivén que, en cierto sentido, hace posible que avance el mundo.

Lo sublime anida en una puesta de sol, pero la ironía lo hace en la inteligencia. Y su presencia en una obra constituye un síntoma de la belleza a la que quiero referirme. La ironía es esa cosa que se sitúa en las antípodas de lo kitsch dulzón. Capaz de despertarnos de los sueños de embriaguez que destila la pereza. (La pereza intelectual que anida en el arte entendido como consumo del que lo kitsch es el paradigma y que vienen a ser lo mismo).

Cómo no incluir lo anómalo como una muleta posible de la belleza. Una anomalía nos inquieta, claro. En el ámbito de las cosas, para preocuparnos; pero en el de lo sensible, para activarnos.

Es una paradoja, pero lo erróneo, lo anómalo, se acaba convirtiendo en un aliado de la ironía para sacudir en nosotros la percepción de lo bello. Creo que hay pocas obras en el ámbito de la estética, o de la literatura a las que, si juzgamos de notables o excelentes, no encontremos en ellas la presencia estimulante de, al menos un punto de ironía. No se trata de identificar ambos conceptos, sino de reconocer en el primero, la utilización inteligente del segundo.

Cierto es que depende mucho de la naturaleza del momento al que pertenezca la obra a la que nos refiramos y que las hay proclives a exhibir esa ironía y las hay a ocultarla. Pero incluso en estas últimas, dándoles tiempo, puede que acabe por aflorar aquella en algún detalle que se nos hubiese pasado por alto en primera instancia. Tal vez sea una exageración y, desde luego, la historia del arte y de la literatura están llenas de ejemplos que navegan por lo riguroso, por lo franco, por la exhibición de lo verdadero como máximo valor, pero creo, a pesar de todo, que cuando surge la inteligencia no es difícil encontrar, tras su brillo, ese guiño provocador que parece esconder otros significados.

Admitamos, como señalaba arriba, que toda expresión artística establece para su realización un léxico determinado, unas leyes, unas reglas de juego como elemento sin el cual el resultado se acercaría más a lo puramente arbitrario. Evidentemente esas reglas de juego pueden ser explícitas, implícitas o incluso, a veces, inconscientes, como las que surgen, de mentes geniales o enormemente intuitivas. El propio orden clásico no era sino un elemento inteligente que tenía como objetivo el control de la forma; el eliminar, en lo posible, el vacío previo a cualquier forma creada. Establecía una pauta a partir de la cual el artista ya podía entrar en el empeño de resolver este o aquel problema, pero en un marco de actuación que eliminaba lo que podríamos llamar la perplejidad frente al papel en blanco. La pauta estaba ya prefijada.

Estas leyes en lo clásico, son bastante explícitas y sobre todo en ámbitos como la arquitectura o la pintura lo que hace que cuando, por una u otra razón, se establece una anomalía, ésta se haga particularmente visible lo que, de algún modo, facilita proponer alguna reflexión.

En el año 1416 Poggio Bracciolini, personaje culto de la esfera de los Medici, latinista, gramático y poeta pero, sobre todo, amante de libros y legajos descubrió, en el monasterio de Saint Gallen, una serie de obras de la antigüedad romana: *Los diez libros de arquitectura* de Vitrubio, *la Oratoria* de Quintiliano o *Los discursos* inéditos de Cicerón, entre otros. Este descubrimiento tuvo un impacto inmediato, sobre todo en la arquitectura, que se extendió como una mancha de aceite, primero por Florencia, luego por toda Italia, y años más tarde, en el Quinientos, por Francia, España y Países Bajos.

Lo clásico definía con tal precisión sus reglas de juego que hubo cierta obsesión por lograr la perfección añorada. Alberti, Bramante, Rafael, constituyeron, tal vez, el cénit de esa perfección. Pero «quizá lo clásico va contra la naturaleza del hombre y presume una autodisciplina a la que éste no puede someterse durante largo tiempo»[5] en palabras de Arnold Hauser, y así lo cierto es que pronto, en esa carrera por la perfección, empiezan a aparecer irregularidades, anomalías, primero

....

5   Arnold Hauser, *Origen de la literatura y del arte moderno. El Manierismo. Crisis del Renacimiento.* Guadarrama. Madrid, 1974, p. 18.

levísimas, pero que irán creciendo en número e intensidad dibujando numerosos episodios del Manierismo y ulteriormente del Barroco.

En el año 1472, Piero della Francesca pinta para el Duque de Urbino el cuadro *Sacra Conversazione*, también conocido como *Madonna del huevo*.

El cuadro hace gala ya de un conocimiento preciso de la perspectiva y del dominio efectista de la profundidad. Presenta una composición clara en la que la figura protagonista es la Virgen con el Niño dispuesta en el centro de la tabla que se completa con once personajes más, diez tras la Virgen formando un leve semicírculo y el undécimo el propio Duque, Federico de Montefeltro, postrado ante ella ocupando, a la derecha, el primer plano. La escena se inscribe en el interior de una arquitectura renacentista en el cruce de dos naves siendo la que corresponde a la dirección de nuestra mirada la que nos revela su factura abovedada con casetones típicos de ese clasicismo que, en la pintura, sus líneas fugan exactamente hacia el rostro de la Virgen enfatizando su protagonismo. En el fondo que cierra la nave, en su parte superior a modo de tímpano (o de leve bóveda), se dispone una gran concha de vieira, símbolo del bautismo, que cierra la perspectiva. Todo el conjunto es de una enorme delicadeza, cromática y compositiva. Pero en medio de todo ello hay un elemento inquietante y dispuesto en el espacio de un modo ambiguo. El huevo de avestruz que cuelga de un hilo que, a su vez, cuelga del borde superior de la vieira. Su significado no está exento de controversias. Parece referirse a una alegoría de la vida o a la naturaleza virginal del nacimiento de Cristo.

Independientemente de ello llama la atención un extremo. El huevo parece estar suspendido sobre la vertical de la cabeza de la Virgen cuya localización es el centro del pequeño «crucero». Sin embargo, si seguimos con la mirada el hilo, del que pende el huevo, está suspendido de la concha que ocupa el fondo de la escena. Pero en ese caso el huevo estaría en sombra. O proyectaría la suya sobre el fondo. Hay algo no resuelto. Es decir, según cómo miremos el cuadro, el huevo está en dos lugares a diferente profundidad. Es difícil atribuirlo a un error cuando la pintura hace gala de un dominio claro de la geometría y precisión del dibujo. Creo que, sencillamente, el pintor ignora esa cuestión premeditadamente. Le interesa que el huevo flote sobre María y adquiera una importancia visual en el cuadro fuera de toda duda, por un lado, y establecer una relación clara y simbólica con la concha, por otro. El resultado, que podemos considerar una anomalía de las leyes de la perspectiva, es particularmente seductor y en ello interviene el delicado modo en que un elemento tan pequeño como el huevo se apodera de la composición de modo que casi percibamos el aire contenido en ese espacio. Su presencia encierra algo de misterio, lo que incrementa el interés que despierta tan notabilísima pintura. «Arquitectura ilesa / incólume armonía / pesa la geometría / y la luz también pesa». En el decir de Rafael Alberti.[6]

Efectivamente los rigores clásicos comienzan a ser contestados desde su mismo origen de un modo consciente. Así, casi desde el mismo cénit del clasicismo, surge la aparición de infracciones a las reglas. Al principio levemente para irse incre-

....

6   Tomado de los versos sobre Piero della Francesca en *A la pintura* de Rafael Alberti.

mentando hasta alterar, en su propia esencia, el lenguaje clásico.

Mientras Miguel Ángel estaba estableciendo los primeros guiños de una actitud heterodoxa frente a lo clásico en la arquitectura, con un entendimiento más complejo del espacio puesto de manifiesto en obras como la biblioteca Laurenciana en Florencia, o en el espacio del Campidoglio en Roma, o en numerosos pequeños detalles como la presencia de las ventanas más anchas que altas en el crucero del Vaticano, o como la de la capilla de los Sforza en Santa María Maggiore, más ancha por abajo que por arriba en lo que también deberíamos entender herejías del lenguaje clásico, la pintura también se hacía eco de rasgos que extralimitaban, ya claramente, las reglas de la perspectiva y de la representación con algún detalle sobre el que merece la pena detenerse.

En el año 1533 Hans Holbein «el Joven» pinta el cuadro *Los Embajadores*. Su pintura cabe inscribirla ya dentro de los parámetros del Renacimiento alemán aunque la desarrollase gran parte en Inglaterra. Gran retratista, hereda algo de la afición que venía del siglo xv y de los Cranach, Durero, etc., entre otros, de utilizar una componente simbólica grande en sus pinturas. Determinadas figuras geométricas, alusiones numéricas, etc., fueron elementos de uso común durante algunas décadas. El cuadro que nos ocupa, llamado realmente *Jean de Dinteville y Georges de Selve,* presenta una composición simétrica en un formato casi cuadrado en el que cada protagonista, de pie, ocupa un lado y el centro está lleno de objetos dispuestos en un mueble. Objetos como relojes de sol, libros, un globo terráqueo y otro celeste, instrumentos, etc., sobre los que la crítica ha venido formulando diversas interpretaciones. Las figuras del pavimento y las cortinas del fondo se suman a la simetría, y el clavijero del laúd y uno de los relojes de sol (o un astrolabio), situado encima, dibujan con cierta precisión el eje de simetría vertical que organiza el cuadro. Eje que, al llegar a la parte inferior de la tabla, se ve atravesado por un elemento amorfo que diagonalmente recorre la parte central inferior del cuadro. Una forma ajena, en principio, a todo lo demás. Una forma orgánica y lejos —aparentemente— de la precisión de todas las figuras que pueblan el cuadro. Una pieza sin guardar ninguna relación con el resto de las que colonizan la tabla, que parece levitar, salirse del cuadro. Como si alguien la hubiese añadido ulteriormente. Casi como si la tabla hubiese sido objeto de un accidente, o de una broma de mal gusto. Una mancha misteriosa, una pieza «extraña, irregular». Una anomalía.

Hubo que esperar hasta el siglo XX para que alguien —el crítico de arte Jurgis Baltrusaitis[7]— reparase que aquella forma incomprensible era un juego anamórfico y, en realidad, se trataba de una calavera, que en el contexto simbólico histórico vendría a aludir a la condición efímera de la vida y a lo insustancial de la vanidad. Calavera, eso sí, que para hacerse visible había que disponerse en un punto determinado mirando el cuadro en un forzado escorzo desde la parte inferior izquierda (o desde la superior derecha) de aquél. Se ha sostenido alguna vez que la disposición original del cuadro era en el descansillo de una escalera de modo que, al subir, (o al bajar) la única figura que reconoceríamos, desde la mirada forzada y

---

7   También artista y diplomático.

tangencial del cuadro, era esa y no las personas y los objetos que lo pueblan. En todo caso esa idea de anamorfosis no era nueva. De hecho, aparecía con frecuencia en la escuela alemana del siglo XVI como los que guarda la sacristía de la vallisoletana iglesia de San Miguel y San Julián: dos retratos anamórficos sorprendentes de Carlos V e Isabel de Portugal. Absolutamente apaisados, y en los que únicamente un orificio practicado en los lados laterales de cada marco permite reconocer el retrato que, vistos frontalmente, solo son dos masas amorfas y desproporcionadas.

Tal vez la belleza de estos cuadros haya que encontrarla, no tanto en los retratos en sí, es decir, en la capacidad expresiva de los rostros, en este caso, fácilmente contestable y exigible, por otra parte, a todo retrato, sino en entenderlos como un juego algo exhibicionista, quizá intranscendente desde algún punto de vista, pero que el tiempo acabaría por demostrar su fertilidad en el campo del arte. Aunque debamos precisar que, lo que en los retratos de Carlos V e Isabel de Portugal —su condición anamórfica— es la propia esencia del cuadro, en el de Holbein, únicamente es un accidente, un guiño dentro de una obra de una enorme calidad. Es como si en este caso la anomalía introducida mostrase las cartas de una habilidad pictórica, pero sin anteponerse a los valores del cuadro y dejando que éstos hablen por sí mismos. Contemplando en su conjunto la obra de Holbein creo que puede afirmarse la presencia de cierta dosis de realismo; un mundo más atento a narrarnos la naturaleza profunda y real del personaje que a otras consideraciones simbólicas y, cuando estas aparecen, lo hacen de un modo silencioso, con objetos cotidianos. Me atrevo a formular la hipótesis de que la presencia de la calavera le resultase a él mismo difícil de digerir y la escamotease en un juego irónico de la perspectiva, para que la contemplación directa del cuadro no se dejase ensombrecer por una alusión tan explícita de la muerte. No puedo evitar imaginarme al pintor preguntándose dónde ubicarla dentro de la composición del cuadro y rechazando una y otra vez la, casi única posibilidad, de disponerla en el mueble con lo que de un modo o de otro presidiría la escena hasta, finalmente, ocultárnosla detrás de su propia precisión.

Las anomalías referidas obedecen a cuestiones diferentes. La primera, la de Piero della Francesca, es una cuestión sutil, podríamos incluso no entenderla como tal anomalía. No creo que pueda hablarse en ella de ironía. O, tal vez, sí, pero una ironía teñida, aún, de cierta inocencia medieval. Sin embargo, la segunda propone una alteración explícita. Infringe de un modo consciente las reglas de juego. Se trata de dos modos muy diferentes de presentarse; pero ambas actúan como un chispazo en la percepción del cuadro. Como una leve sacudida que nos obliga a abrir los ojos. A estar más permeables a la belleza que exhiben.

4

INFRINGIENDO UNA LEY
PARA PODER CUMPLIRLA

Gallardas señoras; entre muchas blancas palomas añade más belleza un negro cuervo que lo haría un cándido cisne, y así entre muchos sabios algunas veces uno menos sabio es no solamente un acrecentamiento de esplendor y hermosura para su madurez, sino también deleite y solaz.

Del libro décimo del *Decamerón* de Boccaccio

Lo anómalo puede llevar incorporado el estímulo, el acento de las cosas. El punto que puede establecer la diferencia entre lo regido por una norma aburrida, y lo brillante. Es cierto que la norma o el orden son necesarios; pero quizá una razón importante de esa necesidad sea, precisamente, la posibilidad de infringirlos.

Cualquier patio porticado clásico presenta en cada uno de sus lados una ley geométrica precisa.

Con columnas o con pilares, adintelado o con arcos, todos se rigen por la gramática y el léxico que determina el lenguaje clásico. Un intercolumnio regular, una proporción determinada entre la sección de los pilares o los diámetros de las columnas, la relación entre estos y la altura, o la relación entre las plantas, la geometría de cornisas e impostas que se someten al orden que rija en cada caso (dórico, jónico, etc.) son los elementos en juego. Es decir, cada lado presenta una regularidad clara e invariable a lo largo de toda su longitud. Casi, a partir de unos pocos restos, alguien con conocimiento del lenguaje clásico, podría deducir la forma de todo el patio, a excepción de la solución de la esquina. Porque la esquina, en sí misma, plantea el problema de cómo gestionar la pauta de los dos lados que convergen en ella y mantener, a la vez, la ley de formación. Adelantemos que se trata de un problema que no tiene solución. O lo que es lo mismo, que cada patio presenta soluciones diferentes utilizando estrategias diversas según la mirada de cada autor. Debemos señalar como excepción los patios realizados exclusivamente con columnas. En ellos el único problema que, además, únicamente se presenta con columnas de orden jónico,[8] es la orientación del capitel de la columna de la esquina. Dispuesto hacia un lado o hacia el otro, siempre establece una «anomalía» con uno de los dos lados. Un caso particularmente bello, de este tipo, es el claustro de la iglesia de san Lorenzo de Florencia, junto a la biblioteca Laurenciana de Miguel Ángel, ejecutado por Antonio Manetti discípulo de Bruneleschi hacia 1470. Está conformado por arcos sin ornamentar sobre columnas jónicas sobre el que descansa una galería adintelada con orden corinto. Presenta la elegancia de la galería de los Inocentes de Bruneleschi. La única «anomalía» que cabría encontrar en el conjunto, de una enorme delicadeza, se produce en los capiteles señalados de las esquinas de la planta baja. Al tratarse de un orden jónico, los capiteles de las columnas que ocupan las esquinas, deben optar en su orientación por uno de los lados adyacentes, con lo que infringen la ley del otro lado.

....

8   Mientras la planta de un capitel dórico o corintio presentan simetría central, el jónico, no. Su simetría en planta solo es axial. Tiene frente y lado.

Bramante, en la romana iglesia de Santa María della Pace, realiza el que, tal vez sea uno de los claustros clásicos más logrado. De dos plantas, la primera con una concepción muraria con arcos de medio punto —cuatro en cada lado— que descansan sobre pilares con pilastras de orden jónico, y la segunda, adintelada con pilares similares a los de la planta inferior pero de orden corintio y con una serie de columnas también corintias a modo de parteluces que conforman un conjunto tan equilibrado como hermoso. Recordemos que nos encontramos ante Bramante, probablemente en el cénit junto con Alberti, del clasicismo en el Renacimiento y que, en los mismos años, entre 1500 y 1510 estaba realizando el templete de San Pietro in Montorio y la cimentación de la basílica de San Pedro que se había iniciado con sus trazas en 1506. Ambos podríamos considerarlos paradigmas del ideal clásico con su simetría central que, en el Vaticano, al introducir un eje longitudinal, romperían Miguel Ángel, primero, y Carlo Maderno, después. Es decir, no exageramos si admitimos que el claustro de Santa María della Pace se enunciaba como la perfección clásica en este caso referida a la idea de claustro.

¿Y la esquina?

Bramante opta por seguir las reglas de juego hasta el final a riesgo de desvirtuar el lenguaje. Mantiene la dimensión del pilar y deja que la geometría responda al problema. El resultado es que la pilastra jónica que acompaña cada pilar al llegar a la esquina en la planta baja no puede dividirse por la mitad —media hacia cada lado del patio— porque se incrementaría la dimensión del pilar, sino que se produce a apenas una pulgada del borde de la pilastra. El resultado es una «pilastra», por llamarla de algún modo, diminuta que se recoge en la misma esquina y lo que antes era un capitel jónico, ahora son sólo dos volutas ridículas, una hacia cada lado, infringiendo absolutamente la lógica de la pilastra para cumplir la de la planta del claustro. Una pilastra anómala sacrificada para la perfección de la totalidad. Aunque, por otra parte, tal vez debamos reconocer que esa anomalía nos ayude a reparar en la perfección del claustro. Bramante parece hacernos un guiño irónico en esa esquina. Nos propone una pregunta. Pero también una afirmación: la reivindicación de la totalidad frente al detalle. Constituye la exhibición explícita de la geometría que rige el proyecto.

Tiene algo de apasionante seguir el rastro de este problema a lo largo del Renacimiento y verificar cómo responde cada arquitecto en cada caso. Me limitaré a señalar, por lo que tiene de divertimento, de anomalía explícita, de error buscado o de alarde, las soluciones que, a tal problema, afloraron en algunos ejemplos de la arquitectura española en Méjico. Particularmente algunos palacios del siglo XVI de la ciudad de Morelia, antigua Valladolid en aquellos años del imperio: el antiguo Palacio de Justicia, el de la Inquisición, el actual Archivo y Museo Histórico del Poder Judicial, alguno de la Universidad de Michoacán y el Palacio Municipal.

Tal vez por la libertad de que gozarían tan lejos de las miradas de los colegas de la península o porque la integración con los indígenas comenzaba a dar un sentido diferente, y propio, a sus obras —la arquitectura barroca española en América, creo que aún no suficientemente valorada, constituye un ejemplo de una enorme calidad a partir de la simbiosis entre el clasicismo y lo vernáculo— lo cierto, es que la solución al problema referido de la esquina de los patios, lo resuelven introduciendo una anomalía mayor. Sencillamente quitando el pilar o la columna de la esquina. Lo hicieron de dos modos diferentes. Uno, sustituyéndolo directamente por un elemento colgado; poniendo en evidencia la carencia de apoyo, lo que, además de producir cierto efecto inquietante, suponía también algo de alarde estructural. El otro modo, más astuto, fue desplazar el ritmo de los arcos de modo que en la esquina no estuviese el pilar sino la clave del arco. Arco que se prolongaba hasta la pared conformando una respuesta más lógica desde el punto de vista estructural pero tan heterodoxa como el otro sistema.

No dejan de tener algo de paradójico estas anomalías. Surgen con la voluntad de paliar el problema no resuelto de la esquina. De corregir el error que late en ese punto y para ello proponen, como en un juego, introducir otro «error» mayor dando carta de legalidad, en el ámbito de lo bello, de nuevo a lo anómalo. Infringiendo de un modo explícito una ley con el pretexto de cumplirla, en un juego atrevido y, sobre todo, irónico.

Hay que decir que este problema con la esquina se da, no sólo en el Renacimiento, sino en otras épocas y momentos artísticos, solo que en el orden que imponía lo clásico, el énfasis con que se enunciaban sus leyes hace entenderse como la infracción de una regla; como una anomalía. Pero no así en otros estilos. Se da por ejemplo en el palacio gótico de la Generalidad de Cataluña en Barcelona, aunque únicamente en una esquina, donde una escalera obliga a eliminar la columna de la misma en la planta superior, para dejar el paso franco, dando lugar a lo que podría considerarse un error; pero admitamos que un error espléndido. O en el claustro de los Jerónimos de Portugal, donde también desaparece el pilar de esquina pero formándose un arco que se sale de la rectangularidad del claustro achaflanando las esquinas. Por no hablar ya de episodios posteriores como el claustro de San Carlino alle Quatro Fontane de Francesco Borromini. En éste, además de la reflexión que podríamos hacer de la «esquina», en la dirección que vengo comentando, el recurso a lo anómalo es explícito. La «arritmia» introducida en la disposición de las columnas, los balaustres de la barandilla de la planta superior, alternando su disposición, uno boca arriba y otro boca abajo, no sólo suponen una «infracción grave» a la pauta clásica, sino que hacen algo mucho más importante, formar parte de una de las especulaciones espaciales de mayor interés realizada a partir de una concepción de lo geométrico enormemente adelantada a su tiempo. Pero detenernos en esto extralimitaría el ámbito de este ensayo.

Otras veces la anomalía aparece de un modo gratuito. Como un regalo. Es decir, no como la exigencia de resolver una encrucijada determinada, sino con la única voluntad de significarse a sí misma. Sucede en el Palacio Montecitorio en Roma, sede actual del parlamento de la nación italiana y levantado por Gian Lorenzo Bernini a partir del encargo de Inocencio X en 1653.[9]

El edificio, de tres plantas, se presenta a la plaza

....

9 Las obras comenzaron en 1654 aunque tras diversos parones se paralizaron en 1664. Concluyéndose veinte años después por Carlo Fontana.

ocupando uno de sus lados largos con un plano de fachada simétrico, quebrado, adelantándose hacia el centro limitando un volumen convexo. La composición de la fachada a la plaza presenta cinco cuerpos separados por pilastras que recorren la fachada en altura. El del medio con cinco huecos en cada una de las tres plantas, marcando un claro eje de simetría, con un gran balcón sobre la puerta principal que ocupa tres de ellos, se resuelve todo él en piedra en la planta baja. El resto del edificio lo constituye una fábrica de ladrillo de color siena con ventanas, pilastras, cornisas, etcétera, en piedra. De los otros cuatro elementos de la fachada, dos a cada lado, son mayores los dos centrales con seis ventanas cada uno. Los extremos, tan sólo de tres vanos, están separados de los anteriores por las referidas pilastras de piedra que suben hasta la cornisa. Todas las ventanas presentan un orden clásico singularizándose las de la planta noble que, en su coronación, alternan frontones triangulares y en arco en una disposición clásica generalizada sobre todo a partir del Palacio Farnesio de Miguel Ángel. Todo es legible dentro de la ortodoxia clásica pero, de pronto, Bernini introduce el elemento extraño.

En la planta inferior de los dos cuerpos laterales, los que constituyen las dos esquinas, pilastras y ventanas muestran una irregularidad buscada: la piedra que lo conforma se queda casi sin tallar, presentando una forma que parece aludir a un estado natural, como una roca a medio esculpir. Poniendo de relieve un contraste entre lo «natural» y lo artificial en una actitud muy querida por el manierismo de unos años antes y cuyas claves aflorarían después de un modo exagerado en Piranesi. Es decir, Bernini interrumpe de una manera consciente la ley que rige la composición de la fachada. Propone una anomalía con la que adjetiva al edificio y le otorga un valor añadido con esa delicada singularidad. Formula un interrogante. A qué viene esa alusión a lo inacabado, o a cierta naturaleza inventada. Y esta pregunta nos sacude el pensamiento, nos hace estar más receptivos a la contemplación del edificio. Se vale de un juego irónico. Como una cita, un reflejo de algo que nos desvía la atención. Tal vez como lo que parece ocultar el brillo de los ojos de Inocencio X, autor del encargo del edificio, en el retrato que por entonces le realizó Velázquez. Se trata, además, de un elemento bello en sí mismo.

La verdad es que el Manierismo ya había hecho gala de todo tipo de «infracciones» sobre lo clásico, llegando a extremos delirantes como los jardines de Bomarzo de Pirro Ligorio y Jacopo Vignola en una exaltación de lo extraño, de lo onírico, y de lo monstruoso que van mucho más allá de las sutilezas a las que quiero referirme.

Fue cuando se comenzó a poner en cuestión el lenguaje clásico, como he señalado arriba, cuando comenzaron a aflorar alteraciones en aquél, a veces, casi imperceptibles pero que llegaron a ser extremas como en el caso citado de Bomarzo. Había sido el caso de Giulio Romano en el Palacio del Té en Mantua, por ejemplo. En él, Romano se divierte introduciendo «errores». Un arco grande lo corona con una dovela pequeña y una hornacina pequeña, con una dovela grande. Deja que, en una cornisa, en una serie de triglifos y metopas, se descuelguen algunas rompiendo la horizontalidad y así, un largo etcétera de infracciones que vendrían a sumarse a los devaneos lingüísticos que caracterizaron el Manierismo. O las pinturas de Andrea Pozzo en la iglesia de san Ignacio en Roma donde, de nuevo, aflora la genial anamorfosis para hacernos creer que estamos bajo una bóveda y una cúpula cuando, en realidad, estamos bajo un techo absolutamente plano. Anamorfosis que nos engaña cuando, entrando en dirección al altar, miramos el techo. Allí cobra todo su sentido, pero que resulta incomprensible y delirante cuando avanzamos en la dirección opuesta, hacia la salida. (Como la calavera de Holbein cuando la miramos de frente).

Uno acaba por pensar que, ciertamente, la belleza que busca la perfección, con frecuencia la esquiva, como si quisiese reivindicar una libertad por encima del sacrificio que supone la fidelidad al orden.

¿Cabe, entonces, identificar siempre la perfección anhelada con la belleza? «Lo bello es siempre raro. Lo que no es ligeramente deforme presenta un aspecto inservible.» De nuevo Baudelaire. Y creo que hay que darle la razón. El Partenón, el cénit de la arquitectura clásica, el modelo de modelos, la referencia última del universo clásico, está lleno de irregularidades. Irregularidades conscientes para que lo perfecto no sea el Partenón en sí, sino lo que nosotros vemos. Hay correcciones ópticas en las columnas que tienden a converger hacia arriba, en el basamento ligeramente curvo y elevado en el centro para que lo percibamos horizontal, con diferencias en los intercolumnios para que lo leamos como regular. ¿Entonces? Tal vez sea esa la mayor paradoja. El Partenón, el icono de la perfección arquitectónica, resulta que renuncia a la perfección teórica que nace de la precisión de lo geométrico introduciendo errores e irregularidades. Sí, lo que venimos considerando anomalías, para alcanzar, de ese modo, la belleza que aspira a lo absoluto.

5

JUGANDO A INVENTARSE UN JUEGO

> *El primer día que fuimos a espiarle, nos enga-*
> *ñó. No fue. El segundo, le engañamos nosotros,*
> *no fuimos.El tercero nos engañamos todos, no*
> *fue nadie.*
>
> Groucho Marx (*El conflicto de los Marx*)

L o anómalo, en el ámbito de lo creativo, se
convierte en una oportunidad para la belleza.
Ya me he referido a ello. Está presente como un
recurso, tras un error, tras una sorpresa impre-
vista y, también, como una reivindicación; como
si la perfección anhelada se escondiese, a veces,
detrás de las contrariedades, surgidas o buscadas.
El universo creativo de cualquier artista está lleno
de estrategias, de preguntas; y en ellas reside su
potencial. Hay oficio también, pero lo que le sig-
nifica como artista, lo que le hace grande, es su
capacidad de formular preguntas y, para ello, vale
todo: su mirada al arte, a la naturaleza, al pasado,

al mundo. Y, de entre todas las cosas, también a lo anómalo. Porque lo anómalo, al fin y al cabo, se nutre de, se enfrenta a, o incluso se inventa, las reglas del particular juego del artista. Por eso es una fuente de belleza.

Hay una escena en la película de los hermanos Marx *Sopa de ganso*, dirigida en 1933 por Leo McCarey, en la que el Harpo[10] pretende entrar en el camerino de una actriz. Saca de sus bolsillos un cepillo y un espejo de mano y, ante la puerta, se peina mirándose en él. En un momento dado, gira éste que, en vez de ofrecernos el envés, nos ofrece la vista de su nuca mientras con la otra mano comienza a peinarse ésta haciéndose patente, tanto de un modo directo como, a través del espejo.

En otra película, *El conflicto de los Marx*, diri-

----

10 Para los que no conozcan el cine de los hermanos Marx, de los cuatro hermanos que se dedicaron al cine, Groucho, Chico, Zeppo y Harpo, éste último era un personaje mudo, algo histriónico, estrafalario, con un atuendo imposible —habitualmente una gabardina con sus bolsillos llenos de objetos dispares y disparatados— y fácilmente seducible o «necesitado del afecto» de cualquiera del universo femenino que poblaban sus películas. Un «salido» en términos coloquiales.

gida por Victor Heerman en 1930, hay una escena en la que Chico y, de nuevo, Harpo, tienen que escapar de una casa velozmente por una exigencia del guion. Van a hacerlo saltando por una ventana pero en el exterior hay desatada una gran tormenta en medio de la noche. Truenos y un vendaval les acobarda y retroceden dirigiéndose al lado opuesto en el que hay otra ventana. Tras ella, un sol radiante y el trino de unos pajarillos les invita a salir y, efectivamente, por allí escapan.

Estas dos situaciones, disparatadas y manifiestamente fuera de la realidad, conforman, sin embargo, un modo de hacer que parte de una reflexión racional y consciente cuyo objetivo es provocar la hilaridad del espectador, pero a las que podemos encontrar paralelismos en otros episodios de naturaleza diferente.

El cuadro *La reproducción prohibida* (1937) de René Magritte muestra a un personaje de espaldas mirándose en un espejo que nos devuelve su imagen, pero de nuevo, de la espalda en un juego conceptual idéntico al del citado de Harpo Marx.

En 1961 el propio Magritte pinta *El imperio de las luces* en el que bajo un cielo diurno azul y luminoso hay una casa en una atmósfera nocturna, oscura y con las farolas encendidas. Es de día, pero en la casa y su entorno es de noche. Un juego otra vez análogo a la segunda escena citada de los Marx.

Hay muchas más en las que podríamos encontrar hallazgos similares; se trata de anomalías que juegan, por regla general, o bien con estirar la lógica hasta el absurdo —si doy la vuelta al espejo veo, en su parte posterior, la parte posterior de la cabeza— o bien con tratar de hacer compatibles cuestiones dispares y heterogéneas: el día y la noche, o lo grande y lo pequeño, lo duro y lo blando, etc. Recordemos que un objetivo explícito que se daban los surrealistas era resolver las antinomias: «...donde la vida y la muerte, lo real y lo imaginario, el pasado y el futuro, lo comunicable y lo incomunicable, lo alto y lo bajo, dejan de ser percibidos contradictoriamente». Postulado de André Breton tomado de su *Diccionario del surrealismo* y reivindicado numerosas veces por los surrealistas tanto en su producción escrita como en la pintura. Son numerosos los ejemplos de «antinomias» que aparecen en la producción artística y literaria de todos ellos.

En realidad, se trata del modo de operar que generalizó el surrealismo. Sus respuestas se planteaban en términos radicales. Se fundamentaban en el inconsciente, en el azar, en buscar su ámbito de creatividad en un plano por debajo de la realidad, en lo onírico, en un intento de alejarse de cualquier principio de racionalidad. Haciendo emerger de los sueños la materia prima de su producción. Recordemos que antes que «surrealismo» el movimiento se llamó «freudismo». Así, se dotó, para satisfacer tal empeño, de diferentes reglas con las que tratar de acceder a ese universo de lo inconsciente: el azar, los «cadavre esquís», los «ready mades», «objects trouvés», «collages», «decalcomanías», etc.[11] Pero paradójicamente y aun teniendo como objetivo la eliminación de cual-

....

11 Los *cadavre esquís*, eran un juego que consistía en hacer un dibujo entre varios pero ocultando lo que hacían los demás de modo que el resultado apuntaba a lo absurdo. Los *ready mades* venían a ser una suerte de collages con objetos dispares. Su principal artífice fue Marcel Duchamp y algunos de ellos forman parte incontestable del arte del siglo xx. Los *objects trouvés* («objetos encontrados») aludían a la presencia de objetos fuera de cualquier entorno que les fuese propios.

quier viso de racionalidad en sus obras lo cierto es que la propia formulación de aquellas reglas no era sino el enunciado de un sistema enormemente fértil y regido, casi siempre, por planteamientos inteligentes y mucho menos azarosos y oníricos de lo que ellos mismos pretendían. Planteaban pautas y reglas de juego reconocibles con las que generar sus obras. Man Ray fotografiaba una plancha con pinchos en su superficie plana (*El regalo,* 1921), un contrasentido derivado de confrontar opuestos, en una repuesta ilógica, pero a partir de la lógica. Dalí ponía patas de insecto a pesados paquidermos enfatizando la contradicción implícita en ello, eso sí, siempre en paisajes metafísicos, o retrataba a su hermano a partir de una retícula de pequeñas gotas puntuales, cuando lo contemplamos de cerca, pero que como en la fotografía de un periódico, al poner distancia, percibimos el retrato con nitidez. Picasso, cuando juega a ello, junta el sillín y el manillar de una bicicleta y nos representa la cabeza de un toro (*ready made*). Y así el largo etcétera que configuró el surrealismo. Lo irónico en estado de ebullición. Gillo Dorfles decía que el kitsch operaba con obras de arte las descontextualizaba y las reducía a la categoría de objeto; son las torre Eiffel de plástico o las reproducciones en cerámica de cuadros de Van Gogh. Mientras que el surrealismo tomaba los objetos los recontextualizaba y los elevaba a categoría de arte. Son por ejemplo la manzana o la pipa de Magritte.

Creo que se trataba de juegos enormemente fértiles en el ámbito de la creatividad. Se trataba de inventar, de un modo consciente, reglas con las que desarrollarlos. En muchos casos, estas no eran sino la construcción de anomalías —casi siempre inteligentes—, leyes que regían los acontecimientos según pautas desconocidas generando una fractura con el orden habitual de las cosas. O de explotar con inteligencia el error. El esfuerzo de los surrealistas por extraer de lo erróneo, de lo absurdo, de lo anómalo, elementos de creatividad en el sentido más puro, creo que además de demostrar la enorme fertilidad señalada, ayuda a entender todos sus antecedentes históricos, desde Arcimboldo o El Bosco, a toda la cadena de artistas y arquitectos que construyeron el manierismo y el barroco después, y hasta episodios posteriores de la literatura como Jonathan Swift, Lewis Carroll o Isidore Ducasse «Conde Lautremont».

El universo del primero, por ejemplo, en *Los viajes de Gulliver,* obedece a pautas señaladas, cambios de tamaño de las personas, Liliput o Brobdingnag, caballos con comportamientos racionales, o una isla voladora Laputa, por cierto, análoga a más de una pintura de René Magritte; y otro tanto podemos decir del mundo de Carroll. Su Alicia está llena de acontecimientos de la misma raíz, cambios de tamaño, etc. La imagen de una Alicia enorme en una habitación en la que apenas cabe, evoca la manzana (*La habitación para escuchar,* 1952), de nuevo, de Magritte.

En cuanto a Isidore Ducasse, personaje que apenas dejó algunos poemas y el libro *Los cantos de Maldoror* en su breve existencia, decir que se sitúa en un espacio ambiguo a caballo entre una exaltación del mal, de lo tenebroso, de lo horrible y, lo que sería, según alguna interpretación más benévola, un desahogo más encaminado a prevenir el mal que a reivindicarlo. En todo caso me refiero a la naturaleza de los seres que pueblan el libro, y las propias narraciones que contiene, regidas por pautas tan provocadoras como heterodoxas, por un lado, y a la reivindicación para el surrealismo que sus militantes establecieron tanto sobre él, como sobre los citados Jonathan Swift o Lewis Carroll, por otro.

Imaginen, ahora, un individuo cuyo cuerpo parece humano sin estar seguros de si va vestido o su superficie está protegida por una piel, con cabeza de pato —más bien de espátulo— patinando en un estanque helado con botas con patines de cuchillas, un arco al hombro y flechas en la bota de su pie derecho haciendo de aljaba. Podría ser, sin duda, un «cadavre esquís» de los que con frecuencia llenaban las tardes de cafés de los surrealistas. De no ser por los patines, también, hubiera podido tratarse de un ser mitológico de la antigüedad. Pero se trata de uno de los muchísimos personajes que pueblan *El jardín de las delicias* (1500-1505) de El Bosco. Localizado en el lado del infierno. Todos ellos obedecen a criterios simbólicos numerosas veces estudiados. Alegorías de la malicia, la lujuria, la gula, etc., o de la vida, la bondad, etc. El cielo y el infierno. Todo. Pero creo que resulta oportuno señalar dos cosas: que la metodología que se deja entrever en la creación de esos fantásticos personajes, es similar a las que venimos comentando. (Tal vez den un paso más que la de los seres mitológicos, en el sentido de que además de estar formados aquellos por la suma de fragmentos de diferentes animales, en los de El Bosco hay un intento de proponer cosas «nuevas» como esferas de agua o de vidrio, transparentes o no, ocupadas o vacías, o edificaciones a caballo entre lo vegetal, lo orgánico y lo pétreo). Y, segundo, que el resultado es de una enorme belleza «a pesar de» (o gracias a) estar constituido todo él, de anomalías. Reparemos que todo parece fundamentarse en un mundo envuelto en una mirada irónica hacia la propia concepción del mundo.

Creo que, efectivamente, no pueden dejar de entreverse conexiones entre el proceder de los surrealistas en esa búsqueda, y la creación de los seres mitológicos de la antigüedad, y a muchos de los ejemplos como los citados, que subyacen y florecen a lo largo de toda la historia.

Me he referido antes a lo anómalo en el contexto del lenguaje clásico arquitectónico y ello por entender que su «identificación» resulta más fácil al ser, las leyes del lenguaje clásico explícitas y claras. Pero ¿cabría extraer alguna conclusión de la misma naturaleza en el territorio de la contemporaneidad donde la expresión artística parece haber renunciado a cualquier tipo de norma, de pauta, de regla con vocación de universalidad? ¿Cabe, en consecuencia, hablar de anomalías en este contexto?

Reparemos un momento en la planta del pabellón alemán de la Exposición Universal de Barcelona de 1929, obra de Mies van der Rohe. Se trata de una planta longitudinal formada por planos independientes entre sí, siguiendo una pauta de ortogonalidad y los pequeños pilares de acero exentos formando una breve retícula. Un espacio concebido para ser recorrido en el que su escala, las visuales que ofrece a medida que circulamos por él, la autonomía de sus elementos, o la disposición y cualidad de los materiales, conforman los ingredientes con los que el arquitecto exhibió, como en un manifiesto, las reglas de juego de los principios de la arquitectura moderna.

Imaginen que, ahora, curvamos la planta pero manteniendo la forma, como si los muros en la dirección larga fuesen de goma, y adquiriesen la forma de un arco de circunferencia mientras los otros se dispusiesen, lógicamente, de un modo radial. Como si hubiésemos doblado el edificio al modo de Dalí los relojes.

Pues bien, ese es el proyecto de Rem Koolhaas para la *Casa Palestra* (Milán, 1986): el pabellón de Alemania de la exposición del 29, curvado.

Reparemos, así mismo, en la Villa dall'Ava en París del año 1991 del mismo autor. Se trata de una vivienda dispuesta sobre muchos pilares inclinados y de esbeltez insólita, tanto, que no pueden sino venirnos a la memoria los elefantes, con patas de insecto, de Dalí. Por si cupiese alguna duda, Rem Koolhaas, en la inauguración de la casa llevó una jirafa. No puedo evitar pensar que lo hizo, únicamente, por la evidente imposibilidad de llevar los paquidermos del pintor, porque, en el fondo, no dejaba de ser una *performance* surrealista. Debemos aclarar un punto. El arquitecto formaba pareja entonces con la pintora surrealista Madelon Vriesendorp cuya obra pictórica aparece permanentemente como guía de la obra escrita y arquitectónica del arquitecto. Quiero decir, que esta obra está sustentada sobre la aplicación consciente y explícita de métodos surrealistas. El libro del arquitecto, *Delirious New York*, se plantea, así mismo, y cabe explicarse, desde esa misma pauta donde afloran como mecanismos de análisis, *collages*, *objects trouvés*, y un largo etcétera de proceder surrealista. Haciendo de lo anómalo un recurso característico de su obra. Por cierto, hay un bello apunte de la pintora que es un retrato de Koolhaas con un planteamiento idéntico al de Mae West de Dalí, al que luego me referiré: los ojos son cuadros al fondo de la estancia, la boca un sofá, el pelo unos cortinajes que penden del techo, etc.

No entro aquí a establecer ningún tipo de análisis arquitectónico de la importante obra de Koolhaas. Me limito, únicamente, a señalar que la utilización de lo erróneo, lo absurdo, lo irregular, lo anómalo, demuestra en dicha obra su propia fertilidad.

No es el único ejemplo. Cabría rastrear, en el transcurso de la arquitectura moderna y contemporánea ejemplos en los que aflore la presencia de lo anómalo como pauta de su belleza. Es claro que, en muchos de ellos, el resultado puede ser delirante o caer en lo meramente publicitario —edificios con forma de prismáticos o antropomórficos, o cualquier tipo de ocurrencia— pero no resulta difícil constatar la presencia de anomalías como estímulos de belleza entre la mejor arquitectura de las últimas décadas.

Un ejemplo: en el magnífico edificio de Miguel Fisac para el Centro de Investigaciones Biológicas de los patronatos Cajal y Ferrán del CSIC, construido en Madrid (calle Velázquez con Joaquín Costa) en 1951, el cuerpo que conforma la proa del edificio, es un cuerpo de ladrillo cara vista formando una superficie cóncava a la calle, casi ciego en el que unas pequeñas ventanas dispuestas salteadas enfatizan cierta condición introvertida del edificio. Es una fachada casi provocadoramente lisa y muda. Todos los huecos son pequeños, rectangulares, dispuestos horizontalmente desfasándose al tresbolillo entre una planta y otra. La sorpresa nos la reserva la parte superior. Uno de los dos huecos que hubiera seguido la pauta de las plantas inferiores ha desaparecido y, a cambio, encima del lugar que debía haber ocupado, surge un pequeño balcón con un vuelo exagerado y de planta trapezoidal que se pierde en la arista superior del edificio. Ese balcón y la escultura-fuente de la planta baja vendrían a definir una diagonal en la composición de la fachada como única concesión al silencio que ordena todo el frente a la calle. Hay una ruptura de las reglas de juego con un elemento extraño: un balcón intencionadamente desproporcionado, pero capaz de dotar al conjunto de una armonía inesperada.

Pero a veces, la anomalía surge de un invento. Es decir, no es únicamente un juego en el que alteremos o mezclemos las partes, o las cambiemos de tamaño hasta el absurdo. Sino, de la invención voluntaria de una ley que rija los acontecimientos según pautas desconocidas generando una fractura con el orden habitual de las cosas.

Luis Buñuel en su película *El ángel exterminador* (1962) se inventa una situación absolutamente anómala. Tanto como la de los péndulos de París referidos al comenzar estas líneas.

La película cuenta cómo una serie de amigos de la alta burguesía tras una representación teatral van a cenar a casa de uno de ellos. Después de la cena y tras un rato en el salón comprueban que, por una razón inexplicable, no pueden salir de él aunque las puertas estén abiertas. El salón se convierte en el protagonista de la narración y la situación que se genera va enrareciendo la atmósfera hasta llegar al límite de cierta degradación cuando el instinto de supervivencia comienza a regir los actos de los diferentes personajes. Hay algo en la obra de cierta y evidente crítica hacia una clase social encerrada en sí misma, pero me parece oportuno poner de relieve aquí algunos aspectos puntuales con los que Buñuel construye el universo onírico que envuelve la película.

Aparte de las evidentes citas al mundo surrealista como lo son la aparición sorprendente de un oso por la casa, o de unos corderos, o las patas de una gallina en el bolso de una de las damas, o las repeticiones de alguna secuencia del guion —es decir, anomalía tras anomalía—, hay tres elementos que presiden la narración y que cristalizan en otros tantos objetos presentes en el reducido ámbito en el que se desarrolla aquella: la religión, el tiempo, y la frontera entre lo real y lo irreal.

En el salón esos tres elementos están representados respectivamente, por tres objetos que aluden a esos conceptos: un armario (¿retablo?) de motivos religiosos, un reloj y un espejo. No se trata únicamente de un telón de fondo; el primero de ellos, el armario guarda cierta ambigüedad. No acabamos de saber si se trata realmente de un armario o del acceso a otra estancia que nunca acaba de desvelarse. Aparece una y otra vez. Tras él suceden pequeños episodios de la narración y, finalmente, siempre está ahí. Como la religión en el universo de Buñuel.

El reloj se conforma como el elemento visualmente reconocible de uno de los ingredientes de la narración que, por otra parte, cabría explicarse como un «paréntesis» dentro del tiempo tras el cual y tras repetirse algún acontecimiento, todo volvería su orden original. Como si únicamente una correcta disposición de las piezas en el espacio y el tiempo pudiese devolvernos al mundo real.

Por último, el espejo. Como retomado del universo de Lewis Caroll, hay un espejo —una cornucopia— que parece recordarnos la existencia de otro mundo análogo al nuestro pero irreal. Que parece dibujar con precisión un límite que también está presente en el umbral de la puerta infranqueable.

No creo casual el hecho de que en la escena que conduce al desenlace se produzca un movimiento de cámara en el que el sucesivo fondo de los protagonistas esté jalonado por los tres elementos referidos.

La narración parece definir una unidad de tiempo: la que transcurre de un modo simbólico entre las dos veces que una determinada mujer toca el piano, al principio y al final del nudo argumental de la película. Unidad de tiempo evidentemente distinta e independiente de los días que transcurren que aparecen en las sucesivas noches y días que se nos hacen más presentes cuando afloran imágenes de la calle.

El aspecto nuclear del relato lo constituye la imposibilidad de franquear una puerta. La puerta como umbral no sólo real, sino como frontera entre nuestro mundo y otro —el de la habitación— donde el tiempo vendría a discurrir de un modo diferente.

Pero reparemos que, desde el punto de vista que nos ocupa, todo este mundo fantástico es posible por el enunciado simple, pero «irregular y extraño», de una regla inventada merced a la cual, y por una razón desconocida, nadie puede salir de una habitación durante un determinado tiempo. Es decir, una pauta diferente a las que rigen el orden cotidiano de las cosas, a partir de la cual Buñuel formula un universo cinematográfico de la magnitud estética incontestable de su obra.

Cuenta el cineasta en *Mi último suspiro (Memorias)* que cuando, con Salvador Dalí, realizó *Un perro andaluz,* escribieron «el guion en menos de una semana, siguiendo una regla muy simple, adoptada de común acuerdo: no aceptar idea ni imagen alguna que pudiera dar lugar a una explicación racional, psicológica o cultural. Abrir todas las puertas a lo irracional. No admitir más que las imágenes que nos impresionan, sin tratar de averiguar por qué.» [12]

Aquí Buñuel y Dalí formulaban una ley precisa: no aceptar idea ni imagen alguna que pudiera dar lugar a una explicación racional, psicológica o cultural. La paradoja es que es, precisamente,

_____

12 Luis Buñuel, *Mi último suspiro (Memorias)*, Plaza & Janés. Esplugues de Llobregat, 1982, p. 103.

la formulación de la ley la que se inscribe en lo racional.

El citado retrato de *Mae West* (1935) de Dalí plantea un problema de carácter espacial y perceptivo más fácil de explicar desde una postura racional y un control consciente de la representación del espacio que desde el universo de lo onírico o del azar. Y cuyo interés viene dado por la regla de juego que se da Dalí y que define la anomalía implícita en el retrato. Un rostro que, en realidad, es una estancia. De modo que sólo se percibiría el retrato desde un punto de vista frontal determinado. Cuando efectivamente se realizó en tres dimensiones por Oscar Tusquets (1975) se puso de manifiesto lo obvio, que cualquier desplazamiento nos revela que no hay tal retrato. Sólo una estancia con unos muebles. Nada más. Eso sí, que, mirados desde un determinado lugar, se convierten en Mae West. Actitud heredera, por otra parte, de los juegos anamórficos referidos anteriormente.

Alfred Hitchcock que, como se recordará, introdujo en varias películas secuencias de marcada factura surrealista colaborando incluso con Dalí, construye, en su película *Los pájaros* (1963) basada en el relato de Daphne du Maurier de 1952, toda la argumentación a partir de la circunstancia inquietante y, finalmente aterradora, de la presencia inexplicable y anómala de miles de pájaros en la localidad, al norte de San Francisco, de Bahía Bodega donde se desarrolla la trama. El terror no viene de ningún tipo de perversión humana sino de una alteración del comportamiento habitual de algo —en este caso— de las aves. Es decir, de una anomalía. A partir de esa nueva pauta, del «invento de esa nueva regla», Hitchcock construye aquí, como Buñuel, la historia. En cierto modo cabe interpretarse de éste modo algún ejemplo ya comentado como *El jardín de las delicias* de El Bosco. Todo el tríptico está regido por un argumentario, por una historia diferente a la habitual cuyas reglas de juego se dejan ver en los detalles de toda la obra.

En el año 1773 el arquitecto Johan David Steingruber proyectó veinticinco edificios cuyas plantas eran las letras del abecedario. Es decir, se inventó, no tanto una anomalía puntual, cuanto una narración, una ley de formación anómala con la que llevó a cabo su conocido alfabeto.

Arcimboldo pintó a lo largo de su vida numerosos retratos a partir de fruteros convencionales que, dispuestos boca abajo son rostros. De nuevo el desarrollo de una ley, de una pauta anómala, como la definición de unas nuevas reglas de juego con las que abordar la obra se convierte en una anomalía explícita capaz de seducirnos.

6
OBSESIONES ANÓMALAS: FACTEUR CHEVAL, UN INDIANO EN LA CIUDAD DE LOS PRODIGIOS Y FITZCARRALDO

El ideal griego consistía en no encontrarles uso a las cosas útiles; el esclavo era quien aprendía las cosas útiles; el hombre libre aprendía las inútiles.

G. K. Chesterton

*Por el mar corren las liebres
por el monte las sardinas…*

Vamos a contar mentiras, canción popular

Lo decíamos al principio: lo anómalo fuera del ámbito del arte tiende a inquietarnos. A veces a asustarnos. El motor que deja de funcionar, un temblor en el suelo. Qué sé yo. No es de extrañar, entonces, que en al ámbito del arte, la primera reacción frente a una anomalía sea la prevención.

Pero, por otra parte, la culminación de nuestros deseos tratamos de encontrarlos en acontecimientos del otro lado. No en el orden habitual de las cosas sino, precisamente, allí donde se produce lo diferente, en el lugar especial, en el momento distinto, allí donde el deseo sublimado puede hacerse realidad. Donde la deseada presencia de alguien, o de algo, por ejemplo, dibuja la excepción en el calendario o la singularidad de un lugar.

Del mismo modo, la presencia de una anomalía en una obra artística tiene algo de tranquilizadora en el sentido de que parece dotarla de cercanía. De hacerla más humana. Tendemos a guardar cierta distancia prudente con aquello que presume de perfecto; a escapar de ello, precisamente porque nos sabemos imperfectos. La Gioconda es lo que es, entre otras cosas, por su enigmática y «anómala» sonrisa. Y la belleza de una obra no viene determinada nunca por la suma de las perfecciones de sus partes. Tiene que ver, más bien, con la totalidad; y esa totalidad con frecuencia se ilumina con la presencia de un «error» en alguna de aquellas. Y así la dota de verosimilitud. Posibilita que, de algún modo, nos concierna. Frente a la voluntad de perfección en la que podemos encontrar, algo así como, la frialdad de lo metálico, de lo pulido, lo anómalo parece acercárnoslo, hacérnoslo de carne y hueso.

De este modo, en el ámbito del arte o, mejor, de lo simbólico, la excepción, lo extraño, lo irregular, es decir, lo anómalo se convierte en el lugar donde a veces cristalizan los sueños.

Facteur Cheval

Traten de imaginar en la Francia del siglo XIX, en la pequeña localidad de Hauterives, cerca de Grenoble, a un personaje, al cartero por más señas, desplazándose a pie por las poblaciones de alrededor para repartir todos los días del año el correo a sus vecinos. Imaginen que un día, en medio de esas caminatas, encuentra una piedra que le llama la atención por su belleza y que se la guarda en el bolsillo para llevársela a su casa. Imaginen ahora que, seducido por la piedra que él juzga hermosa, decide construirse él mismo sin ayuda de nadie su casa; pero no una casa normal como las de sus vecinos o la suya propia en ese momento, sino una casa a la medida de la «belleza» de su piedra, y de las piedras que, compulsivamente, comienza a recoger: la casa de sus sueños. Una casa única, diferente a todas. Una casa con derivas bíblicas, en su forma, tomadas de su imaginación. Una casa en la que emplearía treinta y tres años de su vida recogiendo, día a día, en el recorrido de su reparto, las piedras que conformarían lo que llamaría *Le Palais Ideal*. Piedras en los bolsillos, más tarde en su zurrón y, finalmente en una carretilla que le acompañaría, con sol y con lluvia, en invierno y en verano, hasta finalizar su empresa.

Imaginen, así mismo, a un vecindario que, al verlo pasar cada día, se mira entre sí, mientras le llama pobre loco haciendo, en palabras de Julio Cortázar, «el gesto que consiste en ponerse el dedo en la sien y moverlo como quien atornilla y destornilla».[13] Imaginen el desprecio de toda una comunidad, la suya, que lo toma por un pobre loco.

....

13   Julio Cortázar, *La vuelta al día en ochenta mundos,* p. 141, Tomo II, España editores, Madrid, 1980.

Qué tiene que pasar por la cabeza de un hombre, cuántas horas, primero, de imaginar un deseo, de ponerle forma, y luego de construirlo piedra a piedra, día a día, durante treinta y tres años, entregando todo, incluso su misma existencia, para convertirlas en una construcción extraña, excesiva, cuajada de un imaginario insólito que nos recuerda universos orientales sin serlo, y en el medio de una soledad casi infinita. Una casa ajena a cualquier forma preestablecida, muy lejana a los parámetros habituales de la arquitectura.

La autoridad local no le permitió construir en ella el panteón donde enterrarse y enterrar a su hija muerta, como era su sueño. Y entonces, coge la carretilla de nuevo y vuelta a empezar, y se hace un panteón en el cementerio a la medida de aquél.

En el fondo, esa actitud no difiere tanto de la de un Van Gogh pintando compulsivamente en Arlés, o de la de un Miguel Ángel en los andamios de la Sixtina, o de la de un Proust recobrando el tiempo perdido de entre sus tiempos vacíos de funcionario. Todos tienen, al menos, en común la enorme soledad, el enorme silencio en los que aflora su obra. En realidad, sólo es un reflejo de la generosidad que anida en el alma de un artista. La entrega absoluta a su oficio, a su quehacer, con el que le gustaría entender, explicar o mejorar el mundo.

Creo que, independientemente de la calidad objetiva de la obra, esa actitud del artista es, en sí misma, un acto hermoso. Supone una defensa y una reivindicación altruista de lo inútil. Forma parte, creo, del lado bueno de la naturaleza humana. Aunque para los peligrosamente cuerdos suponga, con frecuencia, una anomalía sospechosa y hasta reprochable.

Ferdinand Cheval, ese era su nombre, «Facteur Cheval», como pasó a la posteridad, fue objeto de burla de los de su entorno inmediato. Su obra no pasará a los anales de la historia del arte salvo por lo que supone de curiosidad. Quizá como un capítulo de interés de lo naif. Pero un día alguien, André Breton, Max Ernst, lo vieron y encontraron que aquello resumía el ideario del surrealismo que andaban construyendo con otros. No obedecía a nada reconocible que pudiese explicarse por la razón, condición primera, pero además exhibía un planteamiento vital análogo al de los surrealistas empeñados en actuar en los márgenes de la sociedad de la que no solo sospechaban, sino ante la que manifestaban su beligerancia. No buscaban reconocimiento, igual que Cheval. No querían entrar en los museos, es más, buscaban su rechazo. Esto que, desde el pensamiento actual, parece difícil de digerir, era cierto, y cuando algún miembro de aquel movimiento se decantó hacia el éxito fue fuertemente vilipendiado (y excluido) por el resto.

En 1964 André Malraux defendió la obra de Cheval ante sus colegas del ministerio de cultura francés. La casa fue declarada monumento histórico en 1969 y más tarde, el panteón, «La tumba del silencio y el descanso infinito», fue incluido en el inventario de monumentos históricos.

Un indiano en la ciudad de los prodigios

También a mediados del siglo XIX, el indiano Josep Altimira regresó a su Cataluña natal procedente de Cuba, donde se había hecho con una inmensa fortuna. Una vez en su tierra adquirió en 1867 una gran finca en el camino de Sarriá a Horta, junto a Can Mandri, hoy absorbida por la ciudad de

Barcelona y, concretamente en el cruce del paseo de la Bonanova y la calle Mandri. Hacia 1874 se construyó la casa y el jardín realizando así el sueño que sin duda había sido la guía de sus negocios al otro lado del mar. La casa podía presumir de casi todos los estilos posibles que pudiese imaginar un nuevo rico de entonces en aquellos años de oro de la burguesía catalana. Coronada con una dorada cúpula ya desaparecida, contaba, además con una capilla neogótica, un patio neoárabe y hasta rincones con decoraciones egipcias. Pero, por encima de todo ello —o mejor, por debajo, ya que se trataba de una serie de estancias enterradas vinculadas al jardín— se hizo construir un mundo tan insólito como particular. Un mundo que es el que me hace traerlo a estas páginas. Un mundo romántico, imposible y anómalo.

Se cuenta que, nuestro personaje, don Josep Altimira i Reniú, era amante de la ópera y como si se tratase de una premonición de la novela ulterior de Gaston Leroux publicada en 1910, *El fantasma de la ópera*, alumbró un espacio que, si no era el subsuelo de la ópera de París, parecía pretenderlo o, al menos, con características tan particulares como insólitas y capaces de acoger historias como la del fantasma citado. Espacio reservado para sus ilustres invitados de la rica burguesía catalana de aquellos años a los que, parece ser, hacía llegar descendiendo por una ancha rampa del jardín hasta una gran sala hipóstila —aún existente— que, previamente inundada de agua, conformaba el acceso, en barca, hasta una sala elíptica, enorme y abovedada, lugar elegido para las representaciones de ópera que Altimira organizaba.

No puede uno por menos sentir cierto estremecimiento imaginándose en la situación de uno de aquellos invitados: ocupando alguna de las barcas, supongo que iluminadas con antorchas en un bosque de columnas con las bóvedas y luces reflejadas en el agua temblona, como una pequeña «cisterna» de Estambul, hasta llegar al embarcadero que precedía a la sala elíptica donde escuchar a la diva de turno.

Se trata de una arquitectura que escapa en muchos aspectos de patrones reconocibles. Cierto es que en todas las épocas y en el siglo XIX en particular proliferaron divertimentos arquitectónicos, *folies,* de evidente intención lúdica y particularmente en los jardines. Pero el que nos ocupa, aparte de algún puente y de la organización de parterres en la parte superior, parece recrearse, no tanto en lo que de algún modo era habitual en jardines de esa naturaleza y en esa época, grutas, estanques, etc., cuanto en una representación de un universo particular a caballo entre la arquitectura y el jardín con un fin tan particular que resulta sorprendente. Destilaba un enorme romanticismo y podía presumir de una condición más literaria que arquitectónica. Quizá no se ajuste con precisión a la idea de anomalía que venimos persiguiendo. Puede que solo sea una extravagancia de alguien que se lo podía permitir. Y puede que el resultado se encontrase más cerca de la periferia del arte que en el arte mismo, pero creo que, a veces, lo anómalo se encuentra, no tanto en el resultado, como en la actitud vital de su protagonista y en la magnitud del empeño de construirse un lugar. De franquear el lado pragmático y ordenado de nuestra existencia para colocarse definitivamente en el lado de los sueños. Tal vez como en los universos fantásticos de los cuentos de la infancia.

A mediados del siglo XIX Brian Sweeney Fitzgerald, *Fitzcarraldo*, personaje de la novela homónima de Werner Herzog, concibe la idea, un tanto delirante, de construir un teatro de la ópera en plena selva amazónica. Como empresario, además de melómano, emprende la tarea de su financiación para lo que previamente deberá hacer una fortuna. Con un golpe de astucia trata de ahorrar el larguísimo recorrido fluvial que requería el transporte del caucho, atajando y superando un monte subiéndolo y bajándolo con el barco, para salvar la relativa pequeña distancia entre dos puntos de los cauces amazónicos. La empresa, llevada al cine por el propio Werner Herzog, se convirtió en un hecho, y la locura del personaje acabó por convertirse en la locura del autor. Un esfuerzo de una magnitud insólita.

Convengamos que es anómalo ver subir un barco por un monte. Pero habremos de concluir que esa aventura lleva en el ADN, como en los dos ejemplos citados arriba, la condición esencial del arte, la entrega absoluta de alguien obsesionado por una idea de belleza —inútil, para los irremisiblemente cuerdos— y capaz, para ello, de sacrificar hasta su misma existencia.

Admitamos, en todo caso, que la mera imagen de ver subir a un monte un barco, en condiciones precarias, con poleas y troncos de árboles previamente talados para construir el camino y reutilizarse como rodillos, empujando aquella mole entre los mosquitos, el barro y la maleza, encierra en sí misma ecos mitológicos e irreales. Como un suceso surrealista de una magnitud insólita, como un *object trouvé* a escala de territorio. Un buque allá arriba en lo alto de un monte. Y también como una epopeya digna de la antigüedad. Un acto en sí mismo hermoso en su anomalía y en su magnífica inutilidad.

Cualquiera que se haya visto en la tesitura de proponer algo en el ámbito de la creatividad, ya sea un cuadro, un libro, un poema o una sinfonía, sabe que la naturaleza profunda de su «problema» no viene tanto de la dificultad técnica que su trabajo requiera cuanto de su capacidad de formular las preguntas inteligentes en la obra de que se trate. Esta realidad deriva en la necesidad obsesiva del artista de buscar estrategias, estimular su mirada al mundo, a las cosas, a todo, con el fin de establecer pautas posibles, reglas de juego dadas a sí mismo para poder realizar su propuesta. Siempre es domingo para un artista, ya se ha dicho, porque esa búsqueda inherente a su quehacer, lo llena todo. Todo su tiempo. Acaba por convertirse en la esencia de su existir; en la razón de su desazón, pero también de su gozo.

Mirado desde este punto de vista admitamos que los llamados estilos artísticos no son sino estrategias con las que poder enunciar la pregunta implícita en cada gran obra. Éstos, los estilos, surgían de lo individual para ir cristalizando en modos de hacer que acababan por definir ciertas reglas que se perpetuaban, más o menos, en el tiempo. Reglas casi sagradas pero susceptibles de evolucionar. Como si de un idioma se tratase. Reglas como los órdenes clásicos que, en la arquitectura, sublimaban la lógica constructiva hasta crear un «lenguaje» propio que vendría a tener un alcance de una magnitud que condicionaría la evolución del arte en Occidente. Reparar hasta qué punto cabe encontrar, en numerosísimos edificios decimonónicos de cualquier ciudad occidental, todo el léxico del clasicismo griego transformado por la academia, es decir, órdenes clásicos en edificios sometidos a la lógica de basa, fuste y coronación, almohadillados, frontones, y un repertorio escultórico como citas textuales al universo de Fidias o Praxíteles, pone de manifiesto hasta qué punto somos herederos de aquel universo.

Pero, a la vez, la literatura, el arte, la arquitectura han venido tejiendo un universo propio, diferente que, a veces, coqueteaba con aquél y a veces se distanciaba hasta perfilar su propia autonomía.

De un modo o de otro la naturaleza del problema del artista viene siendo la elaboración de ese enunciado, de sus propias reglas de juego con las que enfrentarse a su particular lienzo en blanco.

Tengo para mí que el papel de lo anómalo en ese recorrido cobra una importancia mayor de lo que a primera vista cabría pensar. Primero como apoyo, introduciendo elementos extraños que, por contraste, sublimasen las reglas que regían lo clásico. Los seres mitológicos venían a dibujar una estrategia que permitía que la belleza aflorase entre los pliegues del rigor.

Segundo, y como hemos insinuado, se convertía en la herramienta de la infracción cuando de lo que se trataba era de poner en crisis el orden establecido. De eso el Manierismo y el Surrealismo sabían mucho. Tercero, y cuando el universo clásico se quebró definitivamente, la utilización de lo anómalo era una fuente inagotable de recursos con los que enfrentarse a los nuevos problemas. Vemos de éste modo cómo lo erróneo, lo extraño, lo irregular, siempre ha estado ligado a la expresión artística. Aflora, tanto cuando se trata de obras pretendidamente alienadas con el rigor de la norma, como cuando se trata de infringir ésta e incluso cuando se trata de establecer nuevas reglas. Nuevos órdenes.

Digamos, finalmente, que la belleza guarda curiosos vínculos con lo anómalo.

7

LO ANÓMALO SOBREVENIDO

Inocente es quien no necesita explicarse.

Albert Camus

Un día alguien tiene un hijo que lastra en su ser algo así como un rosario de errores biológicos. Una jugada del ADN o vaya usted a saber de qué. Una fractura entre el anhelo de un padre y una madre, y una realidad que se revela torcida al nacer.

Como si todos los sueños concebidos desde antes de la gestación —sueños de promesas de vida, de futuro, de perpetuarse uno en su hijo— se rompiesen, mañana a mañana, día a día, al ir verificando con un dolor nuevo que no se acaba de comprender, que ese hijo no podrá hablarte, no podrá dibujar una existencia como sí la tendrán sus compañeros de nido del hospital; no podrá jugar con una pelota como los demás niños por el patio de un colegio al que nunca podrá ir.

Un ser anómalo. La RAE define anómalo como «lo extraño e irregular», ya lo hemos dicho. Efectivamente un niño extraño, irregular.

En los ámbitos de cultura limitada, a esos niños se les escondía de las miradas de sus vecinos. Su «irregularidad» producía vergüenza a su familia y hasta sentimientos de culpa, como si se tratase de un castigo atávico. Como si Dios se hubiese vengado de algo, tras la promesa implícita en los meses de gestación, y la hubiese roto, al término de ésta, por su divina voluntad.

Nada de lo soñado, día a día, a golpe de preparaciones de ajuar, de la cuna del bebé, de sus colonias, de la construcción de su primer hueco en el mundo, digo, nada de ello parecerá tener sentido.

Todos los suspiros de ternura acumulados tanto tiempo se los llevan las lágrimas por delante. Se duda de si, hasta, aceptarlo. En otro tiempo, los niños así, se escondían como un eufemismo de la muerte, para unos, o sólo por la vergüenza de manifestarles cariño en público, para otros. Como si hubiese que dar explicaciones por querer «algo así».

La toma de conciencia de esa anomalía suena como un golpe de hacha en medio de la estructura familiar. De los afectos; del cariño. Un golpe de hacha capaz de atravesar el futuro de unos padres, y unos hermanos, que no acaban de comprender de dónde les ha venido esto.

Sí, una anomalía, un defecto de forma o de funcionamiento, que dice la RAE. Una malformación, o alteración biológica congénita o adquirida.

Y ¿la belleza? ¿Dónde encontrarla en esta anomalía?

Suena casi como un insulto o una provocación solo mencionarla. Como si tuviésemos la tentación, nosotros también, de esconderlo. De mirar para otro lado. De no querer verlo. De avergonzarnos hasta de hablarlo.

Pero hay una belleza detrás de todo ello de una magnitud de un orden superior. Una belleza inducida por el propio niño anómalo, cuando en algunos brevísimos instantes de su existir, devuelve una mirada y amaga una sonrisa, como revelando un instante de lucidez. Como si en esa pequeña sonrisa cupiese todo el agradecimiento del mundo. Hay en ese momento, en ese instante que justifica una existencia, una comunión entre madre o padre, e hijo, una mirada recíproca que parece contener el universo entero. Un instante tan breve como hermoso.

Luego ese niño extraño e irregular un día desaparece. Ya lo habían avisado los médicos —suelen morir pronto—, con ese lenguaje que, aun tratándolo de evitar, no puede maquillar la frialdad de su naturaleza estadística. Y queda un vacío. Un vacío del tamaño del brillo de sus ojos cuando aún sonreía en aquellos instantes como relámpagos del cielo. Queda atrás el enorme esfuerzo de sus familiares cuando fueron construyendo aquel hueco, a la medida de su «irregularidad», donde cobijarle en este mundo; medida diferente a la nuestra, claro; y por eso tan presente. Tanto, que lo ocupaba todo. Pero entonces el hueco que deja atrás ese mundo revuelto que cambió entero el universo cotidiano de los suyos, se convierte en el reflejo de la generosidad más profunda. Como un regalo. Un regalo de una magnitud diferente. Casi insólita. Un regalo lleno de belleza como la única respuesta posible con la que redimir el dolor.

Pinar de Antequera, Valladolid, 2023

Preguntarse por qué lo extraño, lo irregular, es decir, lo anómalo, puede formar parte de los territorios de la belleza de las cosas, ha sido el objeto principal de este libro.

La irregularidad, es decir, lo inesperado, la sorpresa o el estupor son elementos esenciales y característicos de la belleza.

Ch. Baudelaire